THE WISDOM OF ZEAMI

—

超訳 世阿弥

道を極める

—

森澤勇司　編訳

Discover

はじめに

今なぜ世阿弥なのか？

みなさんは世阿弥と聞いて何を思い浮かべるでしょうか？

社会科の教科書で見たことがあるくらいが大半ではないでしょうか。

では、「初心忘るべからず」という言葉はどうでしょうか？

こちらは聞いたことがあるとか口に出したことがあるという方が大半だと思います。そのくらい有名な格言です。

多くの日本人が知っている「初心忘るべからず」という格言を生み出したのが、室町時代の能役者世阿弥です。

能楽は古典の解釈でもあった

その活躍した時代は室町時代、西暦でいえば１３００年代後半です。現代まで６００年間演じ続けられる能楽の基盤を作った能役者であり天才プロデューサーです。世阿弥の演劇論と数多くの能楽作品が現代まで伝承されています。

ちょうど現代の人気YouTuberが古文書に独自の解釈や仮説を語るように、知的好奇心を刺激するメディアとして能は世阿弥によって大成されていきました。

作品にも神道はもちろんのこと仏教や禅だけにとどまらず儒教の四書五経の要素まで濃厚に含まれています。題材も日本書紀、源氏物語、平家物語、伊勢物語、万葉集、百人一首、など、ただ引用するだけでなく独自の解釈や謎解きをするようなスピンオフ作品が数多く作られました。

また、能は旅人の見ている夢や脳内映像を展開するような発想で作られています。ちょうど『銀河鉄道９９９』でメーテルが鉄郎の夢を読み取るドリームセンサーを観客全員が持っているような感覚です。その夢のモニターが能舞台です。

能楽の物語は9割が目に見えない世界を描いています。神、鬼、妖精など自然に対する畏怖。武将の幽霊などすでに人生を終えた魂が生前の後悔を語る作品も多く、ひすいこたろう氏の名著『あした死ぬかもよ？』に描かれる武士道の世界観にも通じています。


能楽は被害者が加害者の演技をするような場面が多く、作品の中では身分の低い人を描いた曲のほうが尊重される傾向があります。戦争を描く曲に関しても勝者ではなくほとんどが敗者を描いたものです。

権力者が弱者である曲や、いかつい武士が装束や能面により女性を演じるなど、立場の違うものになりきるという行為が教養として行われていました。莫大な予算で、面、装束を作り「見る」ものから「する」ものに変化していった日本的美意識も海外から注目されています。

これらの発想の源となる父観阿弥からの伝承、世阿弥自身の体験から書き残したこと、次男元能が世阿弥からの教えを書き残したものが数多く伝承されています。

世阿弥が示す未来への指針

コロナ禍が終わりＡＩ時代が本格化してきました。レジや接客、作曲などマニュアルに沿ってできる仕事はどんどん機械化が進んでいます。最近ではChatGPTが誕生し、「人間がする仕事は何か？」という話題が普通に会話に登場するようになってきました。そんな未来に対する不安の多い昨今、答えを見出すヒントが世阿弥の言葉にはあるのではないでしょうか。未来に対する不安は何千年も前からある人類の悩みの一つです。

日本の伝統文化を次世代に残したいという方も増えているものの、最先端だった「能楽」は「難しい」「敷居が高い」などが合言葉のようになっています。未来に負債を残すことと、託すことは大きく違います。次世代に伝統文化を伝えるためには現代の同世代の人が興味を持つことが第一の解決法だと私は考えています。

ところが次世代に残したいと思う方々も、いざ能楽堂に足を運ぶだけでもなかなか実行に移せないものです。

そうしたなか『風姿花伝』が経営哲学、生き方の指針として語られることも増えてきました。またＮＴＴで開発されたＬＬＭ（大規模言語モデル）が日本独自の「tsuzumi」と名付けられています。

大ベストセラーとなった『国家の品格』にも国際人とは外国語を話せる人のことではなく、自国の文化を知る人のことだという記述があります。

本書は能楽の解説ではありませんから、舞台上のことには深く触れません。日本で伝承されてきた発想は今だからこそ日本人の不安の解消や視点が変わるきっかけが得られるものと確信しています。個人的には早いものを遅く演じる、大きいものを小さく表現するなど舞台に込められた発想にも触れたいところです。ここではその発想の源となった世阿弥の言葉に集中することにしています。

世阿弥の言葉には、見聞心（視覚、聴覚、体感覚）などＮＬＰを始めとする海外の最新心理学とも共通する部分が多いのも特徴です。原文が日本にあり、実際にその哲学を土台に６００年間途切れることなく上演されている能楽は世界最古の生きた文化です。６００年後の私たちに残してくれた世阿弥の哲学や世界観を知ることは、バーチャルとリアルが交錯する現代人の大きな生きる力になると考えます。

とくに人の心に関することはタイムトラベルで現代を見てから記載したのではないかと思われるほど、現代の自己啓発書に通じるところがあります。これが秘伝として伝承されてきたこと、それが公開されているにもかかわらず古語であるために敬遠されているのは非常にもったいない状況だと思っています。

見えない世界を語る

能楽は室町時代に現代の様式になったと言われています。その中でも南北朝時代という日本国内が混乱している時代に現代の能の原型ができました。観阿弥は南北朝時代の始まりに生まれました。その30年後、世阿弥が生まれています。混乱の時代を生きただけでなく、その後の時代の権力者のフィルターを通り抜けても残ってきた生命力が強い作品だけが２００曲以上残っています。世阿弥の作品も地震や自然災害を象徴する神や龍神の出現、幽霊が思いを語るものなど幽玄の世界に進んでいきます。

また仏教が盛んになり、神道と仏教が入り交じるスピリチュアルな活動が盛んな国家に日本が変化してきたのもこの時代です。現代ではビジネスや自己啓発に関する講演で宇宙意識など見えない世界が語られることが普通になってきました。数年前に西洋占星術で語られる「地の時代」から「風の時代」へというキーワードも話題になりました。物質から情報の時代へと変化するという意味です。世阿弥の時代から見れば、地の時代は平家の時代まで、その後の鎌倉時代以降が風の時代であると言えます。その風の時代の終盤に活躍した能楽師が世阿弥です。著書の中に「風」というキーワードが多用されるのも現代へと贈られた言葉のように感じられます。

世阿弥の解説という先入観を捨て、超訳シリーズの読者に向けた哲学書という観点で項目を選び並べ替えました。本書をきっかけに世阿弥の原文に興味を持った方はぜひ原文にも触れてみてください。

新しい発想、視点の変わるきっかけとして活用していただければ幸いです。

森澤勇司

超訳 世阿弥 道を極める　目次

II

花——成長

III 勝負の心得

Ⅳ 批判を生かす

V 幽玄

VI 品格

VII 面白さ

VIII

成功

I

初心——学ぶ姿勢とは

001

初心を忘れてはならない

すべての物事に対して効果を発揮し、あらゆる問題を解決する教えがある。
「初心を忘れてはならない（初心忘るべからず）」ということだ。
この教えは、次の三つの形で伝えられている。
一、道を志しはじめた時の「未熟さ」を忘れてはならない。
二、キャリアに応じた、その時その時に抱く「感覚」を忘れてはならない。
三、何歳になろうと、初めてというものはある。そのときの感覚を忘れてはならない。
この三つは、あらゆるところに含まれている。
詳しい内容をこれからお伝えしよう。

『花鏡』

002

若い頃の熱意や緊張感を大切にしよう

若い頃の未熟さを覚えておくことは、年を取ってから必ず役に立つものである。「過去にうまくいかなかったことが、後の成功の要因となる」。また、「前を行く車の事故は、後を進む車への戒めだ」ともいわれている。

初心を忘れれば、常に初めてからスタートすることになり、同じ失敗を何度も繰り返すことになる。

そして初心が正しければ、後心という目指すゴールも正しいものになる。初心という現在地を把握せず、目指すところもはっきりしない。それでは上達は望めない。求める状態と現在地を明確にして迷うことなく進むのだ。今、抱いている志や未熟さを忘れないこと――これは、はじめたばかりの若者が上達する絶対条件である。

『花鏡』

003

節目節目で感じたことを大切にする

道を歩み習熟するまで、つまり若いころから、働き盛りをすぎ、老後に至るまでには、その時しかできない仕事をすることになる。その時しか感じられない感覚を「時々の初心」という。「時々の初心忘るべからず」。節目節目に感じた感覚を忘れてはならないのだ。

『花鏡』

004

年を重ねてからの「今」を大切にする

命には終わりがあるが技術や成果の追求に終わりはない。つまり、これまでいかなる技術を習得し成果を挙げたとしても、今の状態にふさわしいことを選択しなくてはいけない。体の変化が大きい年齢だからこそ「今」の最善を求め精進すべきである。それこそ「老後の初心忘るべからず」なのである。

『花鏡』

005

どんなときも初心で臨め

どんなことも、「自分は何も知らない」「何もできない」という初心者の心構えで臨めば、自分を磨き続けることができる。それに年齢や立場は関係ない。なにごとも無限に工夫していく姿勢をわれわれの奥義《おうぎ》として、子孫だけに伝える。

『花鏡』

006

初心を伝える

いままで語ってきた初心の数々を心に根付かせ、代々伝えることが技術を磨く根本的な考えである。実践しなければ、伝えることはできない。初心を忘れないだけでなく、代々伝えることも大事だ。

ただし、中には独自のやり方で名声を持つ者もいるだろう。成果を確認し改善点が見つかれば、それを尊重することも必要である。

『花鏡』

007

名人の技を安易に真似てはいけない

長年基本に沿って身につけた技術を「是風《ぜふう》」、基本からはずれたことを「非風《ひふう》」と呼ぶ。

名人は「非風」を「是風」に混ぜて演じることがある。この「非風」は初心者にとっては害になるが、「非」を「是」に変える力のある名人にとっては非常に面白い舞台表現の要素になる。

名人は基本からはずれたことと知りながら「非」を取り入れるが、初心者は時にこれを面白さだと勘違いして安易に真似してしまう。

しかし、これは百害あって一利なしだ。アレンジは基礎を身につけた上で行うからこそ面白いのである。基礎を持たないものがそれだけを学んでも、害にしかならない。

『至花道』

008

基礎を固めたものの境地

名人といわれる人は、時々舞台上で、基礎とは外れたアレンジをしてみせることがある。これを経験の少ない人が真似しようとすることがあるが、それは絶対にしてはいけない。年若いときから老成するまでその年齢にそった稽古をし、「非」には走らず、徹底して基本に沿った技術「是」を身につけて成長してきた役者だけがちらりと見せる境地があるのである。

基本だけで名人と言われるのは難しい。時にアレンジは必要となる。稽古段階では避けてきた「非風」を少々取り入れることで、名人なりの「是風」を新たに作り出すことができるのだ。基礎をしっかりと固めた人間にとっては、アレンジは基本にさらなる磨きをかけることになる。

『至花道』

009

疑問を師に問う

初心者のうちは、とにかくなにごとも指導者に質問することだ。そうやって自分の現在の状態をよく知ること。とにかく、誰にも真似ができないほどに磨かれた基礎を身につけるのだ。

『至花道』

010

豊かさの弊害

恵まれない時代には自分の努力で実力をつけた人がいた。少し前は良いところを褒め、悪いところは口にしない傾向があった。しかし、今はちょっと見劣りすれば批判の対象になる。磨かれた玉、綺麗な花のような作品でなければ見る人の満足を得ることは難しくなってきたのだ。しかし、それに見合うほどの実力者は少ない。

未来はどうなっていくのだろうか。仕事の基礎と取り組み方が伝わらなければ道が廃れる。そんな危機感を感じ、今まで先人から学んだことや経験を通して身につけたことを書き残している。実際には学ぶ人の力量によって伝える内容が変わることが秘伝なのだ。

『花鏡』

011

本番に強くなる習慣　1

本番に強くなるにはとにかく繰り返すことが大事だ。ただ、やみくもに繰り返せばいいというものでもない。

声を出す、全体を通してイメージするときも、本番と同じ会場や人数を想定して繰り返す。

そうすることでイメージトレーニングも本番に沿ったものになる。

すると、本番を迎えても緊張することもなく、まったくダメということもなく、臆病になることもなく、全力で取り組むことができるのだ。

自分の姿、声の調子も自分の思い込みを優先してはいけない。

『風曲集』

012

本番に強くなる習慣　2

ある日突然、社会的立場の高い人から呼び出されることがある。このようなチャンスが巡ってきた時、日頃からイメージしていれば、特別なことをすることはない。その場の空気に飲み込まれるようなこともないだろう。

自分の力を精一杯出すことに集中しよう。どんなに大人数であっても目の前には常に一人がいるだけなのだと考え、心を落ち着かせ、第一声のイメージを明確にして、タイミングの良いところで声を出すのである。

『風曲集』

013

成長と伸び悩み

有能で期待されていた新人がいまひとつ伸び悩むことがある。考えられるのは手法が多すぎるということである。

キャリアに見合わないテクニックやレパートリーが多いと、周りから有能と思われやすい。しかし、年を重ねれば、テクニックやレパートリーが多いだけでは良い評価はされない。

大人顔負けの演技ができる子役はもてはやされるが、大人になれば当たり前であるようなものだ。

また、花のある若い容姿は、冬に木が枯れるように消えてゆく。だからこそ長く活躍するためには、つまらなくても基礎に重点を置き稽古に励み、実績ができてから相応のテクニックを加えていくのが大事なのだ。

『遊楽習道風見』

014

仕事は三度成熟する

稲の苗のように初期段階で優秀な人がいる。一方で、優秀であるのに実りがない人もいる。

一生に影響する成長段階は、「序」という始まり、「破」という中間期、「急」という終盤の三つに例えられる。

『遊楽習道風見』

015

導入期――「苗」の段階

人には生まれつき持った才能がある。たとえば少年の舞と謡。幼少より舞えば面白く、謡えば感動的な才能を「苗」と言うことができる。

この苗はどう育つのだろうか。田に水を張っていれば自然に成長するように見えるかもしれないが、苗と同じと考えれば、手をかける必要がある。

『遊楽習道風見』

016

成長期――「秀」という段階

この早苗が育って根も張り茎もしっかりしてくるとき、草取りをし、水の管理をし、雨季を待って、ようやく稲葉が見え始める。この環境を整える段階で秀でる頃を「秀」と例える。

『遊楽習道風見』

017

円熟期――実りの段階

成長の段階を稲に例えると、実りは色づき、雨よりも日を待ち、陽気にさらして世話をする。そのように苗、秀、実は成長段階で世話の方法、関わり方が変わってくる。幼い苗が思ってもみない成長を見せる。それが見る人の感動になる。成長を重ねて目的に近づくことが「実り」といえる。

『遊楽習道風見』

018

やり方を知ることはできるが実行することは難しい

仏教でも「法を得ることは易く、法を守ることは難し」と言われている。

実行して守ることが難しいのは「我意《がい》」という自分のやり方にこだわってしまうからだ。

自分の考えの外側に成長の本質があることを覚えておくとよいだろう。


『遊楽習道風見』

019

思い込みの外側に成長の本質がある

自分の思い込みの外側に成長があることを知らずに、また様々なことに興味を持たないことで、人生は悪いほうへと向かってしまう。

これは成長してきた苗（秀）が、雨、風に犯されて実らずに枯れてしまうことと同じだ。「苗」「秀」「実」の三段階は「序」「破」「急」という理想の生き方を決める大事なことなのである。

『遊楽習道風見』

020

成長に終わりはない

苗、秀、実の三段階を過ぎ安定した仕事の成果が出るようになった状態は、時に「色即是空」と喩《たと》えられる。これは無風の成就というまだ成長の可能性がある段階を終着点だと勘違いしてしまうことを言う。どんなにキャリアを積んでもまだ自分の思い込みの外側には成長するための考えが転がっている。智外の是非の用心も必要とせず、是非、善悪の評価から離れ、とにかく基礎に沿った「面白い」ことができるならば「空即是色」と言えるだろう。この境地に入ればもはや無敵である。

『遊楽習道風見』

021

タブーを利用する

同じ言葉を繰り返すことはマンネリ感を生むもとになる。

しかしこの繰り返しを逆手にとって心地よいリズムを作り出すこともある。

難波津の歌は、こうした矛盾を両立させた歌で、「歌の父」とも語り継がれている。

「難波津に咲やこの花冬ごもり今は春べと咲やこの花」


『遊楽習道風見』

022

素直な感情こそが味わい深い

「駒とめて袖うちはらふかげもなし佐野のわたりの雪の夕暮れ」

百人一首の選者、藤原定家の名歌である。ただ事実を並べているだけである。深い解釈があるかと歌人に聞いてみたが、見た景色をそのままつぶやいているようだ。

仏教にも「言語道断、不思議、心行所の滅するところ、これが素晴らしい」と言われている。

能楽の自由な境地は、この「駒とめて」の歌のように表現の試行錯誤からも離れ、わざとらしさのかけらもなく「無感の感」「離見の見」のように無我の境地で評価を得ることにある。これが「遊楽の妙風の達人」というのだろう。

『遊楽習道風見』

023

多彩な表現のもとになるもの

「基礎」は「器」のようなものだ。物事を「有」と「無」の二つに分けてみると「有」は目に見える「物」、無はその表現が入る「器」と言えるだろう。

例えば水晶は透明なものだが、そこに光が当たれば赤や青という火性、水性という多彩な色が表現される。このように水晶のような癖のない基礎が多彩な表現をつくるのだ。

『遊楽習道風見』

024

自分の世界観を表現する

「桜木は砕きてみれば花もなし花こそ春の空に咲きけれ」という歌がある。

あらゆる表現は心の中の感じる力から生まれる。桜の花が木の外側の空間に咲き、水晶に当たる光はさまざまな色を創る。

自分の思い描く世界観を表現できる人は、その世界の入った「器」に例えることができるだろう。

『遊楽習道風見』

025

地球に感謝し宇宙とつながる

四季折々、花と葉、雪と月、山と海、草と木、有機物、無機物に至るまで万物を生み出すのは地球である。地球が産み出した万物を表現の素材にして、自分の心から生まれた世界を器にし、広大な宇宙のような空間に膨らませて「是得遊楽の妙花」という意味も楽しみもある最高の芸術を作るのだ。

『遊楽習道風見』

026

力を抜いてできることは実力によって変わる

名人は時に、力を抜いてさらっと作品を作り上げてしまう。これを初心者がやってみようとすることは、天に手をあげて月を打とうとすることと同じである。軽々と実現できることは、身につけた品位や技術によって異なる。

『拾玉得花』

027

心の状態が発想を変える

「根に帰り古巣を急ぐ花鳥の同じ道にや春も行くらん」

花を愛で、鳥を羨む心の歌、それは風流心から生まれる。親子の別れの後では、やりようのない気持ちで、同情してくれることもない花や鳥に心を迷わせている。何を見ても子を思い出すような苦しい心も考えようでは風流心と同じかもしれない。

『夢跡一紙』

028

恩を忘れない

十二権守という地味な役者がいた。

あるとき彼に、鬼の演技が似合うとアドバイスをし、彼に似合う曲を作り贈った。その恩を感じて彼は私宅に二度訪ねてきたが、私は留守で会うことができなかった。その時の手紙には大舞台で評価を得た報告と、アドバイスに対する礼が丁寧に書かれていた。文字が書けないので代筆を頼んだこと、そして直接会って礼がしたかったと追記がされていた。

道を極めようとするものは、恩を忘れずに感謝に生きているものである。


『申楽談儀』

II

花——成長

029

時間を無駄にするな

最近では物事を基礎の基礎から始める者が減った。小技や裏技、基礎から外れた目立ち方など、表面的で中身のない芸が多くなっている。これでは表現も弱く、見劣りする。長く活躍する人物は育たない。基礎を学ばず小手先のスキルを身につけることばかりに時間を使うのは「無体枝葉」という無駄な学びと言える。

『至花道』

030

順序を間違えない

仕事を習得する順序は中から入り、上、そして下の順番がよい。下から入ると、寿命や時間の限界によって道半ばで絶えてしまうことになりがちだ。自分の能力をあまり見くびらないことだ。

『中楽談儀』

031

主体性を持つ

芸に「無主風」という避けるべき状態がある。声質や容姿など生まれつき持ち合わせた芸の下地を「主」という。しかしこの「主」は、師につき稽古をしっかりと重ねれば身につけることができる。基本を自分のものにして確実にできるようになった状態だ。これができるようになれば、表現は生きたものになる。

また、生まれつき持ったものを活かしつつ分相応の力をつけることを「有主」という。この有主、無主の変わり目は、よく見極めることである。

『至花道』

032

失敗を成功に変える

教科書通りの表現は見慣れてしまって、見る人も落ち度がないだけのマンネリ感を持つ。そんなときにチラッと基本ではないことを混ぜれば、見る人をハッとさせることができる。ただこれは、名人にだけ許された技だ。基本では推奨されないことが良い効果をもたらすには、基礎となる土台が必要だからである。揺るぎない基礎が失敗を成功へと変える力になる。

『至花道』

033

名人から学んではいけないもの

名人が使いこなす技術は誰にでも使いこなせるものではない。練習量が足りていないのに高度な表現ばかりを求めることは、かえって技術の低下へとつながってしまう。表現の技術は基礎の稽古量に依存する。やりたいという気持ちだけでできるものではない。

基本の延長にある高度な技術であれば、実力以上の高度な表現に挑戦しても大きな損失にはならない。

何度も繰り返すが、名人のパッと目を引く面白さを真似ようとしてはいけない。基礎がなければ破滅を目指すような行為なのだ。

『至花道』

034

条件が揃った弘法大師の書

表現には皮、肉、骨がある。

「骨」は生まれ持った性質であり、上手として人間界に望んで生まれてきた資質をいう。

「肉」は動き、声という基礎を習得してできるもの。

「皮」は「骨」と「肉」を充分に習得した者の余裕ある美しい表現をいう。

この三つが揃うことは稀なことだ。書では弘法大師空海ほどでなければこの三つは揃わないだろう。


『至花道』

035

危機感と批判

今の表現者で「皮」「肉」「骨」の三つが揃っている人は実に少ない。それだけではなくこの三つがあるということも知らない場合が多い。

父　観阿弥が教えてくれた大切なことであるが、現代の表現者は「皮」を少し真似しているだけに見える。それも積み重ね習得した「皮」ではなく、表面だけを真似した薄っぺらい「皮」のようだ。これでは心の底から湧き出る思いのない表現になってしまう。

『至花道』

036

習得したものを統合する

下地がしっかりしていることは「骨」、動きや声の表現が優れていることは「肉」、実際の表現の美しさを「皮」にたとえる。それぞれを習得してもばらばらに持っているだけのことがある。「皮」「肉」「骨」この三つを会得したならば、この三つを統合することを考察してみてほしい。

まず再現性があること、無意識でできるようになり、観客を惹きつける魅力があり、後から思い出して感動を反復したくなる。この弱さを感じない底力は「骨風」の力、何とも言えない感動があるのは「肉風」の感動、言葉にならないような美しさは「皮風」の表現。俯瞰するとき、「皮」「肉」「骨」が統合され三つが揃っていることが強い表現になる。

『至花道』

037

手段が充実するからこそ目的が明確になる

表現には手段「体《たい》」と目的「用《ゆう》」がある。「体」を「花」に例えるならば「用」は「匂い」のようなものである。別の例えをするなら「月」と「光」にも例えられる。手段「体」の充実は目的「用」を浮き上がらせる。

『至花道』

038

物事を見る心と目を養う

物事を見るとき、見識眼のある人は「心」で捉え、見識眼のない人は「目」で捉える。心で見ることを「体《たい》」、目で見ることは「用《ゆう》」である。

まだ未熟な段階では「用（風情）」を見て真似しようとする。これは風情が「体（プロセス）」から生まれることを知らないからだ。また雰囲気だけを真似ることはできない。

本質を見ている人は「心」で物事を捉えているので「体（プロセス）」を習得するように努力する。体（プロセス）をよく作り込むことで用（風情）が表現できるのだ。

本質がわからないうちに表面的な結果だけを作ろうとすれば、その基礎のない動きが身についてしまう。これは本質的なものではない。これでは体も用もなく自然淘汰されてしまうだろう。こうしたことを「道もなく筋もなき能」と言うのだ。

『至花道』

039

結果を再現したければプロセスを再現する

体（プロセス）と用（成果）という二つがある。体がないときは用もない。そもそも成果というものは、そこだけを真似ることはできないのだ。この実態のないものを、あると勘違いしても体にはならない。「成果はプロセスにある」と知ることは、物事の本質を知ることになる。

だから、成果だけを真似する方法はない。プロセスを模倣することが成果を模倣することになるのである。成果を真似すればプロセスが生まれるわけではなく、プロセスを習得することで成果を生み出せるようになる。これを知る者が本質を知る者と言えるだろう。

『至花道』

040

「面白い」という言葉の定義

問、「面白い」という言葉がなかった時代、「面白い」はどう表現していたのでしょうか。

答、「面白い」「花」「妙なる」は、すべて同じ意味である。ただ、これには上、中、下の区別がある。「妙なる」というのは言葉で言い表せないもの、これを感動と認識するのが「花」、言語化したものが「面白い」である。

『拾玉得花』

041

#「面白い」という言葉のルーツ

そもそも「面白い」という言葉は、天照大神が天岩戸を開いたとき、目の前にいた神々の顔が光に照らされているのを見て発したと言われている。

遊楽の「面白」とは無心の境地のことである。無心というのは心を通り越した感動を言う。無心に面白いという心はただ「うれしい」ということだろう。無意識にニヤっとしてしまうようなことなのだ。

『拾玉得花』

042

「妙なる」と感じる花

無意識にニヤっとしてしまう言葉にならないような感覚を「妙なる」という。

この「妙」と感じさせるものが「妙花」である。表現により心象風景を思い起こし心に直接響く境地を「妙花」「無心」「面白」といい、この三つは同じものである。

意思とは関係なくニヤっとしてしまうのはうれしいからだ。月庵和尚も語っている。

「うれしいことは言葉にならない」と。

この感覚を人々に感じてほしいものである。

『拾玉得花』

043

自然体の自分

問、目的に向かう習慣を語るときに「自然体」が語られる。これは「無心」「妙花」と同じ意味でしょうか。

答、安心、無心の感、妙花これらは同じ自然体と言える。そして、自然体は、自分自身の主体的な主張があってこそのものだ。「無位真人」という評価を超越した自分が主体になる。

『風姿花伝』で語った稽古の段階を完全に取得し、奥義も習得し心のままに自由な表現ができるようになれば、自然体と言えるだろう。

しかしこれは経験からの成功であってまだ無心とは言えない。

『拾玉得花』

044
無心とは何か

道を志してから上三花を極め下三位に降っても砂の中の金、泥の中の蓮のように環境に影響することはあっても染まることはないのが無心である。この境地に達した人こそ真実の自然体ということができるだろう。

この達人の境地の無心で自然な表現を見て、初心の人が力の抜き方を真似することは天に手をあげて月を打とうとすることに例えられる。これは中、下の位にいる人も心得る必要がある。成長段階ごとに余裕を持ってできることを習得し、余裕でできることのレベルを上げることが無心を知ることになるのだ。

『拾玉得花』

045

言葉を滑らかに伝える方法

滑舌が悪いと思い通りに言葉が伝わらない。聞こえやすい発声を声掛りと言う。滑舌が悪くて音が濁ると騒々しくなる。例えば水に映った月影が崩れるようにざわついた感じが出るのだ。

発声法を習得する初期段階はアクセント・イントネーションを主に学び、そのあとで滑舌を学ぶとよい。言葉を伝えるとき、言葉以上に声が大事なのだ。

『五音』

046

成長に必要な二つのこと

人の前に立つ人は生活のすべてが向上のための鍛錬になる。何か伝えたいときには、動きと声の二つが基礎になる。

能の動き（舞）の根源は「翁」の動きだと言えるだろう。また謡のルーツは「翁」の神楽歌だと言えるだろう。「志を伝えるのが歌」と古くから言われている。これがすべての源泉だ。「動き」と「声」、この二つをおろそかにする人が順調に成長することはない。

『申楽談儀』

047

すべては心根

すべての仕事は心が根源になっている。ものを見るとき集中して見ることもあれば、ただ「面白い」と見るときもある。観客が「あそこで動きが止まる」という気を感じたらゆっくりと止める。「面白い」という悠々とした気を感じたら気を引き締めてカチッと止める。そのようによい方向に期待を裏切るのがよい。これは事前に知らせるものではない。

『申楽談儀』

048

時間が長く感じる理由

舞が長く感じられるのは面白くないからである。「これから面白くなる」という期待感が勝り、思っていたほどでもなければ長く感じる。たとえば室内での演技のとき、儀礼的に形式だけをなぞれば、ただただそれは目障りに感じられる。

『申楽談儀』

049

サプライズは一時的なもの

「あっ」と驚くようなサプライズで目を引くことと技術の向上は別ものである。そのようなサプライズは、京都で東寺を見て「あっ」と驚くくらいのものだ。

『申楽談儀』

050

気持ちを伝えるのに必要なこと

面白さだけを真似ようとしない。書の名人が書き捨てたものは手本にするものではない。基礎から学び基礎が習得されたとき、自由な表現になるものだ。

『申楽談儀』

III

勝負の心得

051

勝つためにすべきこと

問、勝負に勝つために必要なことは何でしょうか。

答、まず手段を多く持ち、相手と違うことをすることだ。立ち合い勝負で演じる曲が他人の作品の場合、どんなにうまい人でも気を使う部分がある。思い通りにいかないこともあるだろう。自分で作った作品であれば、言葉、所作は自分のイメージしたとおりである。能を演じられる実力があり、和歌の才能があれば能を作ることはできる。主体的な作品はこの道の命なのだ。

そのため、自分の作品を持っていないことは例えてみると一騎当千の軍人が武器を持っていないのと同じことである。立ち合い勝負では自分の作品を持っているかが大きく影響する。相手が動きの多い曲をすれば、静かで趣のある曲をする。このように相手の演目と常に曲種を変えていけば負けることはないだろう。さらによくできれば勝利は確実になる。

『風姿花伝』

052

よい能とは何か

能楽の作品は上中下の三つに分類できる。

有名な場所の伝説をもとにして珍しく、美しく面白いものはよい能と言えるだろう。よい能の台本を舞台でよく演じる、条件が揃っていて出来がよければ上の作品である。台本はいまひとつでも有名な場所の伝説が題材になっていて大きな失敗もなくよくできた作品は中である。題材があまりよくないものでも悪いところを工夫してまとめた作品は下である。

『風姿花伝』

053

思うような成果が出ないとき

すべての勝負に、片方だけが勝ち続けるような偏りが見えることがある。これを男時《おどき》という。しかし勝負の数が増えてくれば勝敗は移り変わり、勝ったり負けたりするようになる。

舞台にも「勝つ神」「負ける神」がいて、勝負を定め場を守っている。

これは軍事では特に秘事とされる。ライバルの仕事の評価が高いときは勝つ神が相手に味方していると心得て気を引き締める。時間により勝ち負けを司る因果の二神が入れ替わる。相手と自分の元を行ったり来たりするのだ。自分のところに勝つ神がやってきたという手応えがあれば全力を尽くす。くれぐれもこの勝負の因果を軽々しく思ってはいけない。

『風姿花伝』

054

長く続く仕事に必要な思い

私たちの仕事は、人々の幸福を増やし長く続くよう祈りを込めることに存在意義がある。これを「寿福増長《じゅふくぞうちょう》」という。私利私欲を目的にすることは、道が廃れる大きな原因になる。人々の幸福を祈るという本来の道の追求のために技術を磨くことが、自分たちの繁栄にもつながっている。逆に経済的利益を最優先にすればその業種は廃れていくだろう。能力を使うための道が廃れてしまえば経済的利益も幸福も両方失ってしまう。

『風姿花伝』

055

よい仕事をするためには

問、長年、研鑽し最高の技術を持ち、数々の成功を積み重ねたベテランであっても出来不出来があるのはなぜでしょうか。

答、出来不出来は人の力では決めることができない部分もある。どんなに準備をしても絶対失敗しないということはない。同じことをしても昨日はうまくいったのに、今日は失敗してしまったということもある。誰にでも出来不出来はあるのだ。

優れた名人の出来不出来は運によるものだろうか。季節、時間帯、観客の資質や人数、場所といった対外的なことに加えて、体調やメンタリティなど、すべてが組み合わさってレベルの高い仕事はできている。

どういう成果が欲しいかを念頭に置き、そのとき、その場に合ったものを作り出せること。それが即座和合という最善の選択といえるだろう。

『拾玉得花』

056

陰陽を和合させる習慣

温度や季節、時間によって適切な声質がある。寒さは陰、暖かさは陽だから陰気には陽の要素をまぜ、陽気には陰の要素をあわせて発声をしていく。

陰陽和合する考え方を習慣にし、天気が陰気で物寂しい雰囲気ならば明るめの陽の声質を加味して陰陽を融合させ「面白い」という要素を整える。

相手や場所に関係なく、陰陽の法則は適用される。

『拾玉得花』

057

自分ではコントロールできない要素もある

野外の大会場での催しは、天地人、この三つの気が組み合わさってできている。つまり、天気や地勢に左右されてしまう。

しかし室内での催しは天気の影響は受けにくく、影響するのは人の気だけである。人の気では特に安心、不安という精神状態が、出来不出来に影響を与える。それを覚えておくとよいだろう。

自分を取り囲むすべての要素が影響し結果が生まれるのだ。

『拾玉得花』

058

日常の三重戒

なにごとであれ道を極めたければ、上達を妨げることをしてはならない。
特に注意する禁忌事項は次の三つだ。
好色
博奕（ギャンブル）
大酒
この三重戒は古くから成功の障害となっている。

『風姿花伝』

059

思い込みという敵

目的に向かうための日課にエネルギーをそそぎ、凝り固まった思い込みは役に立たないと知ること。

『風姿花伝』

060

一時的な成功に溺れない

世間に知られ始めた頃、期待の新人が現れたと何かと話題になる。一時的にベテランよりも高い評価を得ることがあるだろう。

チヤホヤされて自分の能力を過信してしまうこともある。これは悪い兆候である。というのも、わかる人はこれが新人特有の目新しさであり、真の実力でないことを見抜いているからだ。

それなのに勘違いをし、成功談を話し、大物のようなふるまいをするのはなんと浅ましいことか。

どんなに高い評価を得ても、目指す世界への研究に時間を割き、先人にも細かく質問をし、研究をさらに深めていくことが新人には必要である。

時分の花という一時的成功を真の花と勘違いすれば、真実の花から遠ざかる。

何ごとも等身大に認識していれば一生涯、花は咲き続けるだろう。

『風姿花伝』

061

現実を受け入れる

いかに世間で評価され、実力があったとしても、有望な後継者候補を育てておくことは大切だ。

あなたの実力が今すぐに衰えることはないだろう。しかし現実的に年を重ねれば肉体は下り坂へと向かっていく。若者のような見かけの花はなくなるのだ。

『風姿花伝』

062

後進に花を持たせる

年を重ねたら、後継者候補に花を持たせるようなふるまいを心がけるようにしよう。引き立て役のような意識でいるとバランスがよい。後継者候補がいない場合も同じだ。若さゆえの無謀は時にほほえましくもあるが、年を取ってからのそれは痛々しいものだ。

五十歳まで衰えない実力や影響力を持っている人は、四十歳以前に世間の評価を得ているだろう。そして、評価を得ていても慢心せず、等身大の自分をよく把握しているはずだ。そのため後継者の育成に力を入れ、自分の欠点が露骨に見えるようなことはしない。等身大の自分を把握していることは業界全体の底上げができる人の心情と言えるだろう。

『風姿花伝』

063

対応策を増やすこと

さまざまな花や草木は、春夏秋冬の四季それぞれに咲く。そして私たちは春は桜、秋は菊のように、その時々に魅力的な花が欲しいと思う。その時々で欲しいものは変わるのである。

『風姿花伝』

064

駄作を良作にする

最も優れた作品のアイデアには、元の伝説があり、目新しさがあり、山場があり、姿も美しさがある。目新しさはなくとも、大きな欠点もなく素直な作品を次に優れたものとする。

表現に一貫性があり、上手な人が演じ見せ場ができれば面白さも出てくる。不足のある作品も何度も演じて時間をかけ、目新しさを加え作り替えれば面白く変わってくるだろう。

舞台の作品は「入れ物」のようなものだ。駄作と思われても捨てることはない。表現者のイメージ次第なのだ。

『風姿花伝』

065

奇抜なだけでは意味がない

どんなことがあっても避けたほうがよい表現がある。どんなに奇抜さを狙っても年取った尼、おばあさん、老いたお坊さん、このようなキャラクターが乱暴に怒り狂うのはあり得ない。またいかついキャラクターが幽玄の表現をすることも同様である。これは奇抜さだけの駄作であり、気が狂った発想だ。

『風姿花伝』

066

新人のほうがよく見えてしまうとき

問、実績ある名人よりも若手の新人のほうが高い評価を得るときがある。なぜでしょうか。

答、これこそが三十歳以前の「時分の花」というものだ。キャリアのある人が少し飽きられ始めたようなタイミングがある。その時に現れた新人が、珍しさのために高い評価を得る。これは、本当に珍しさだけの勝負なので、目利きは本質を見抜いてしまう。

一方で、五十歳過ぎても見た目の花がなくならない人にはどんな若者も勝つことはできないだろう。

どんな名木であっても花の咲いてない木は評価されない。しかし、名もない木でも花が咲いていれば人目を引く。このように一時的な花が名人との比較に勝つこともあるのだ。

『風姿花伝』

067

努力は人に認められる

どんなに人気のあるベテランでも、周りから受け入れてもらうための努力をしている。そうでなければ、いくら技術を磨き評価を受けたところで、長続きはしないだろう。長年努力を怠らないベテランは、たとえ肉体的には衰えてきたとしても変わらぬ人気を誇る。人気があるということは、目を引く面白さがあるということだ。長年人気を保ち続けている人には、どんな有望な若者でも勝つことはないだろう。

『風姿花伝』

068

勝負を左右するもの

タイミングには恐ろしい力がある。昨年は大人気だった人が今年はさっぱりということもある。どんなに準備をしても良い時もあれば悪い時もある。この因果は、私たちにはどうすることもできない。

だからこそ、この事実を受け入れ、不調の時には実力以上に見せようとせず、相手より評価が悪かったとしても気にせずに余裕を持ち、できるところを確実に演じ続ける。期待外れだと思われるかもしれないが、一番重要な場面で、しっかりと全力を発揮すれば十分挽回はできる。調子が悪いタイミングにも使い方があるのだ。

『風姿花伝』

069

準備をしても十分な評価が得られないとき

演目も終盤、いよいよ山場というときになって、遅れていた主賓がやって来ることがある。そんなとき、場の盛り上がりとは一転、主賓の気持ちはまだ盛り上がっていないため、場とのギャップができてしまう。そうすると、主賓を気にしてすでに盛り上がっていた人たちの気持ちも少し落ち着いてしまう。こういう場合、演目の評価は低くなりがちだ。主賓に合わせてまた始まりの雰囲気まで戻していけばよいという考え方もあるが、現実的ではない。

よい方法は、こんな場合もあることを想定し、盛り上がる曲もあえて静かに控えめにしておき、客席と気持ちがあったと感じたら盛り上げていくことだ。

こうした時には、どんなに全力を尽くしても十分な評価を得ることはできないと知っておくといいだろう。

『花鏡』

070

生き残るために必要な要素

高い芸術性を持った魅力的な人は声と所作と美しさの調和があり、基本の三つの体の使い方を身につけている。長く活躍し続けている表現者は常に美しさの領域を離れることはない。

荒い演技だけの表現者は一時的に評価を得ることがあっても長期で活躍することはない。全国に範囲を広げてみても本当にうまいと評判の人は基礎に漏れがない。普通の表現者は得手にこだわり、他を嫌う傾向がある。ジャンルごとの表現はさまざまであっても、いいものには「面白い」と思う要素がある。

世代・性別・国籍を超えて誰にでも面白いと感じてもらうことが何よりの幸せと言えよう。そのためには基礎を習得してから応用のアレンジを増やすのがよい。基礎をないがしろにしてトリッキーなことだけをしても無意味である。

『申楽談儀』

071

効果的な見せ方

心情を強く長々とアピールすることは、何かを伝える上で決して効果的ではない。たとえば人を探しているとき。話を聞いた人が、自然と一緒に人を探そうと動き出してくれるような場面が好ましい。

『申楽談儀』

072

特色を持つ

鬼の演技は独自の特色を持たせている。足を踏み鳴らすとき、ふつうはバラバラと踏むところを私はリズムを刻んで踏み、ドンッと強く踏むところをあえてトンッと軽く踏む。鬼だからと荒々しくするのではなく、他の人がやっていないことを試行錯誤することでよいものができる。

『申楽談儀』

073

みだしなみを整える

着衣を整えるのは気分を変えるためであり、スッと立ち上がり緊張感をいったん緩和する意味がある。これを意味なく形だけ真似たところで、違和感を抱くだけであろう。

『中楽談儀』

074
基本から外れるな

時々「や」という声を真似する人がいる。この「や」という声は八幡放生会で思わず発した声が評判になってしまったものだが、意図したものではない。それにもかかわらず、枝葉にこだわり真似る人がいる。また「やうやう」と観客にアピールする声を出した者もいた。

芸が下り坂になると基本から外れたことをして人目をひこう、印象づけようなど変な発想が出てくるものだ。実際に舞台でやって芸が落ちぶれてしまう役者も見かける。

『申楽談儀』

075

心を引きつける音

足で音を鳴らす拍子は大切だ。大きなものを動かすような表現では音を鳴らす。効果的な音は見る人の心を一気に惹きつける。

『申楽談儀』

076

息づかいの重要さ

息には出る息と入る息がある。息が地面だとすればその上に曲がある。
あるとき、弟子になるための試験を受けに来た者がいた。上手だったが選ばなかった。専門的なことだが「津の国の」という言葉で「津の」と「国の」の「の」の息づかいに違和感があったからだ。「国の」の「に」と「の」の間の息づかいもよくなかった。だから弟子には選ばなかったのである。

『申楽談儀』

077

伝えることに必須の要素

すべての言葉に序破急がある。たった一文字にもだ。言い始めは序、破を経由して言葉の終わりは急というように、始めと終わりが決まらなくては伝わるものも伝わらない。

『申楽談儀』

078

表面だけを真似ない

リズムの変化は面白い。しかし、ゆったりしたリズムは間延びしやすくなる。水鳥が水面下で足を動かすように体の内部でリズムを取り、表面は美しく歌いたいものだ。ゆったりとした表面だけ真似すると間延びしてしまう。見えないところに注目してみるとよいだろう。

『申楽談儀』

079

無意識を習得する

努力して無意識にできるようになったことのなかには、意識して行うことも含まれる。これは何よりも大事なことだ。

無意識にできるまでには至っていないができることはその次に大事なことである。ことごとく習得した上で無意識にできるようになった表現には無上の味わいがある。これはまぐれでできたという意味の無意識とは全くの別ものだ。

『申楽談儀』

080

言葉を飾ることの逆効果

言葉を使う場面で、言葉に花を咲かせようとすることがある。そこに呪縛されると文章が長くなる。飾る心を思い切って捨て去り言葉を使うのがよい。

『申楽談儀』

081

簡潔に伝える

順序立ててストーリーを作ろうとすると文章が長くなる。必要最小限のことを伝え、きっかけを付け加えるくらいがちょうどよい。

『申楽談儀』

082

変化がはっきりしていることは好ましい

前半、後半で場面が分かれている能はつくりやすいものだ。しかし、一場面ではそうはいかない。だからこそ一場面の作品は、見た目に趣がガラッと変わるように書くことが大事である。登場人物の内外の変化がないとだらけてしまう。「松風」は一場面でガラッと変わる代表的な作品だ。

『申楽談儀』

083

影響の及ぶ範囲を間違えない

野外の催しの際、客席の広さは112メートルにしておくのがよいだろう。最近では、収容人数を増やすために130メートルくらいまで広げることが増えてきたが、田楽の喜阿弥は100メートル以上には広げなかった。これはメッセージをよりよく伝えるために声が届く範囲を配慮したからだ。

円形に客席を設ければ、声も届き能の味わいも感じられる。声は正面にはよく聞こえるものであり、後ろには聞こえない。それを心得て影響できる範囲を決めるのである。

『申楽談儀』

084

細かな点まで最終チェックを怠らない

設営された舞台、橋掛をよくよく点検すること。飛び出た釘や危なそうなところはすぐに直しておくように。

『申楽談儀』

085

声が出にくいときの対処法

声が出にくいときは正気散を使うとよいだろう。味噌や油は避けて、本番前には白湯を飲み喉を温めるのがよい。幕の中では重湯が優れものである。

『申楽談儀』

IV 批判を生かす

086

人の好みはまちまち

万人に受け入れられるなどということはあり得ないだろう。しかし多数の人に支持される人物を手本にするのがよいのも事実である。

その場、その場で評価の高いもの、評価の低いものをよくよく見分け、聞き分けて理由を研究するのだ。

『花鏡』

087

批判の種類

批判には見（視覚的）、聞（聴覚的）、心（感覚的）の三つがある。

『花鏡』

088

目から入る評価

目で見ることで感動を生み出す作品は、始まってすぐに客席も盛り上がり始め、年齢・性別・職業などに関係なくあらゆる人が華やかさを感じるものである。このような舞台には見識眼のある人はもちろん、さほど知識のない人も「面白い」と感じさせる力がある。

『花鏡』

089

耳から入る評価

優れた演者による魂からの音楽には無意識の心に働く力がある。しかし、音だけで良さを感じ取れない人もいる。

そのようなとき、視覚的なアプローチを組み合わせると、相乗効果で面白さが増す。まだ実力が伴わないうちは、特にこの視覚と聴覚、双方からのアプローチが良いだろう。

『花鏡』

090

理想の成果を決める

理想の状態を作るために「どうしたら沈まないか」のような否定系の質問は使わない。「どうなったら面白くなるか」と肯定系の言葉で問いを立てるのだ。これは大切な秘事である。望む結果を決めることが大切なのだ。

『花鏡』

091

作り込み過ぎてはいけない

創意工夫にも注意すべきことがある。それは、どうにかして面白くしようと作り込み過ぎることだ。作り込み過ぎると、見ている相手の心に隙間がなくなり、少しマンネリ感を感じてしまうことがある。演じる側も見る側も冷静さを失い、盛り上げたい山場がぼやけて荒っぽくなってしまうのだ。これは「出来過ぎ」と呼ばれ、一種の病といえる。

全体に控えめにし、ここぞという山場を決めよう。そうすることで進行するごとに感動が深まる仕事ができるだろう。

『花鏡』

092

聞いていい批判、聞いてはいけない批判

表面的なことにはよく気がつくが、本質をよくわかっていない受け手がいる。また本質をよく知っているにもかかわらず表面的な技術を受けつけない者もいる。本質的なことと表面的な技術の両方をバランスよく見ることができる人物が、良い批評家と言える。

『花鏡』

093

相手の基準を受け入れる

知っておいてほしい大事なことがある。それは、世間は見る人の気持ちがすべてだということだ。時と場合にもよるが、美しさを求める人の前では強い表現は少し抑え美しさに寄せるのがよいだろう。許容範囲の中で求められるものを提供するのである。

『風姿花伝』

094

強い表現とは

見る人の好みに寄せていくことについて注意することがある。

核となるメッセージを作る基礎として美しい題材や言葉を選んで紡いでゆくのがよい。

そこに不自然さがなければ美しい心から湧き出る言葉だと認知されるだろう。

また、幽玄という美しさを作り出す感覚が身についたら強い表現も身につけるのがよい。

あらゆる表現を深く身につければ、見た目に危うさがなくなる。この危うさがない安定感を「強い表現」という。


『風姿花伝』

095

実績が邪魔になるとき

年を重ねるごとに実力をつけて誰からも認められるようになることは「成果」といえる。しかし、この成果というものは場所によって変わるものだ。

都会で名を挙げなければ、本当に成功したとは言えないだろう。しかし、地方では都会と好みが変わることがある。都会で評価されたことを大事にし過ぎると、思っていた状態と変わってしまい、よりよくなろうという前向きな力がなくなってしまう。これは、住むところによる悪い習慣化であり、避けるべきだ。

『花鏡』

096

上手な人のダメなとき、下手な人のよいとき

上手な人が一時的に調子が悪いとき、逆に下手な人が一時的によくできたとき、そうした一時的な事柄で作品を批判することは有益ではない。大舞台で力を発揮するもの、少人数で面白いと感じさせるもの。どちらの場合でも見る人が面白いと思う表現ができるものは才能が備わっている。演者の意図を汲み取って見られるのが目利きといえる。

『花鏡』

097

視座を高め全体を見る

批判とは「出来不出来を忘れて表現・仕事を見ろ。表現・仕事を忘れて発信者を見ろ。発信者を忘れて心を見ろ。心を忘れて表現・仕事を知れ」ということである。

『花鏡』

098

早熟すぎるのは考えものだ

フクロウは、ひなの時は頭が大きくて可愛らしい。しかし、成長したフクロウは、体は大きいのにひなの時と姿が変わらないため、不可思議に見える。

つまり幼少時、大人のようにでき上がっていると、成長とともにおかしくなることが少なくないのだ。特に表現はそうだ。というのも、表現というのは見た目の風貌と合っているほうが自然に見えるからである。何ごとも始めたばかりのときは気配りも足らず未熟さも感じさせるのが当たり前であるし、それがふさわしい。幼少からでき上がっているのは不相応と言える。不相応ゆえに表現の熟成もスムーズにはいかない。幼いときの心もとない相応があれば大人になるに従って大人の相応になってくる。

『遊楽習道風見』

099

人前に出るすべての仕事の基礎

始めたばかりのときには、細かいことよりも声と動きという二つの基礎を大切にしよう。この二つは例えれば「器」と言える。人前に出るすべての仕事の基礎とも言えるだろう。基礎を習得して経験を積むに従い声を出せば味があり、動けば魅力的となる。それは、声と動きという「器」に力を入れた「徳」と言えるだろう。物事の基礎という「器」に表現が成り立っていることをよくよく納得し習得していくのだ。

『遊楽習道風見』

100

相手のレベルによって表現は変える

田舎の芸風ばかりをしていた能役者は将軍に認められることはない。ある役者は二番舞ったら差し止められたこともある。流行すると真の実力がなくてもタイミングで出世してしまう者もいる。これは本当の意味で世間に認められたとは言えないだろう。京都の貴人の前でドタバタと乱暴な表現は向かないものである。

『申楽談儀』

101

ふさわしい言葉遣い

「そもそも和州《わしゅう》　長国寺《ちょうこくじ》と申すは」と表現したところ足利義満様よりご注意をいただく。女の言葉に「長国寺」というのは言葉が硬い印象に聞こえるとのこと。「大和初瀬《やまとはつせ》の寺」とやわらかい言葉にするのが好ましい。このようにそのキャラクターにふさわしい言葉というものがある。

『申楽談儀』

102

強みを発揮できる季節を選ぶ

吉野だったら春を題材にし、龍田なら秋、富士なら夏のようにイメージしやすい季節に題材を設定する。

『申楽談儀』

V
幽玄

103

危機感を持つ

誰もが『風姿花伝』を目にすることは本意ではない。しかし子孫への遺言の意味もありただ臨む本意がある。昨今、同業者たちを見ると、目的がボヤけて副業的な活動に精を出し表面的にチヤホヤされることや、その場限りの持ち上げられ方を追い求めているように思える。源流を忘れ危機感を持たない人が増えていくのを見ると、この職業はすでに終わりを迎えているのかと思われ、嘆くばかりである。

『風姿花伝』

104

名前に意味を込める

人生で一番大切なことに、最大限の時間をつぎ込めば、ある程度の成果が得られるだろう。芸事の伝承は多数あるが、心から湧き出る気持ちを伝えることは言葉にし難い部分が多い。言葉で伝えられない「心」から「心」へ伝える花について伝えているから『風姿花伝』と名付けたのだ。

『風姿花伝』

105

似て非なるものを知る

表現の強弱が混同されている場合がある。品がないことを強いと思い、弱いことを幽玄だと批評するのはおかしなことだ。どんな場合でも見劣りしない強い表現がある。言葉と動きに統一感がある人は「強い」「弱い」という伝え方の境目を会得しているのだろう。

『風姿花伝』

106

個人よりも全体を優先する

特別な催しや大会場で平均して高評価を得られるのであれば、その人の名声は長く続くだろう。高い技術を持っていても自分の立ち位置がわかっていない者よりは、多少技術は劣っていても全体構成で成果を出せる者のほうがリーダーに向いている。

『風姿花伝』

107

リーダーの適任者

全体の構成を知る演者は、自分の足りないところも知っているものである。高い完成度を求められる大舞台では、うまくできないことはせず、確実に自分の習得した技術を舞台に活かすことだ。そうすれば、観客からは必ず高い評価を得られるだろう。不得意なところは年月が経てば自然と表現できるようになる。そうしているうちに表現に奥行きも感じられるようになり鈍臭さもなくなり名望も得るようになる。そうすれば年を取っても活躍できるだろう。これは個人よりも全体を考え抜いているからこそできることだ。

『風姿花伝』

108

言動に統一感を持つ

言動を一致させる習慣を身につけると目的がハッキリと伝わるようになる。これは見える世界が変わる境地であり、堪能とはこのことである。これは秘事といえる。音曲と所作はそれぞれ違うメッセージに受け取られがちだが、これを一つのメッセージにまとめ上げられた表現をする人は最高の手練れと言えるだろう。本当に強いメッセージになる。

『風姿花伝』

109

同じことをしていても結果は違う理由

同じ曲、雰囲気を求める表現でも、うまい人が行えばその面白さは別物となる。下手と言われる人は旋律をなぞるだけで新鮮さがない。名人は同じ表現でも曲の趣を熟知している。曲というのは旋律を超えて表現される花のようなものである。これ以上ないくらい考え抜かれている表現は、さらに強い花となり、名人の中でもさらに一つ頭を抜きん出る。節という旋律は決まった定型、曲はうまい人の表現によって生まれる。舞も所作は定型でも、品や味わいは卓越した表現によるものなのだ。

『風姿花伝』

110

秘伝があることも見せない

「秘すれば花、秘せずは花なるべからず」と言う。この秘するかどうかの分岐点を知ることが重要なのだ。なぜなら、多くの秘事は秘密にすることで機能するようになっているからである。そのため秘密があるということを公開してしまってはすでに秘密とは言えない。聞いただけでできるわけではないから別に知られてもかまわないと言う人は秘密の重要性をわかっていない。

戦に例えると名将の作戦によって敵が予想しない方法で勝利することがある。秘事というものは家に一つは残しておくものなのだ。

秘密があるとわかっていれば人は対応策を考える。知らないよりもさらに警戒心を強めてしまうことになる。相手が対応策を準備しているならば勝つことの難易度は高まるのだ。心の準備をさせずに勝つことが必要だ。

秘すれば花、公言しては花にはならないのだ。

『風姿花伝』

III

始めと終わりの法則

序破急は様々なものに当てはまる。まずプログラム構成の序破急。その日の催しで多くの人の評価を得るのは番組構成の序破急と言えるだろう。

一曲の中にも序破急という始めと終わりがある。また曲を構成する舞にも序破急という始めと終わりがあり、一つの音にも序破急という始めと終わりがある。面白さにも感覚の序破急がある。しようとしたことができるのもその人の作り出す序破急なのだ。季節感にも、音律にも序破急が存在する。すべての物事に始めと終わりが存在するのだ。

『花鏡』

112

序破急のないものはない

荘子は言う。「鴨の足が短くても継ぎ足すのは嫌なものだ。鶴の足が長いから切ってしまえば悲しみしかない」

このように長短、大小、平等と思われることにも、すべてに序破急という始めと終わりがある。自分の主張（我意）にも序破急がある。

『花鏡』

113

悪いところを減らしよいところを増やす

自分のことも分析し、明確に把握する。そしてよい評価のところを増大させ、悪いところも把握して取り去るのだ。これこそが無上の取り組みと言える。これができたときに心に思い描いた序破急も現実化し、目で見ることができるようになる。面白さは序破急が成就した結果であり、面白くないときは序破急の実現がうまくいかなかったと言えるだろう。

恐れているのはこの序破急の法則を体得できるかどうかだ。心の奥にある願望を明確にして本気で欲しいとイメージできれば、序破急の法則も実感できるはずだ。

『花鏡』

114

表面だけを真似ない

キャリアも実績もある人の仕事の仕方は、習って実践していこう。ただ、習うことができないならば、表面だけを真似するようなことはやめたほうがいい。

試行錯誤を繰り返し、あらゆる表現、レパートリーが無意識にできるくらいになった名人の自然体。それだけを真似しようとしたところで、「似せる」ことはできても、面白い感動はない。

『花鏡』

115

指導者の心得

教育担当者は自分が今やっていることをそのまま伝えるのではなく、自分が教えている相手と同じキャリアだったときにやっていたことの中で、最も大切な事柄を十分に伝える必要がある。それを十分に習得し慣れることで、自然体でできるようになる。すると、無駄な力が抜けて、ラクに体を動かせるようになる。

『花鏡』

116

師匠が弟子を認める意味

師匠であろうと、弟子であろうと、技術の大部分を習得することを怠ってはならない。しかし師匠が弟子をどのレベルで認めるかは、弟子それぞれの素質と志による。資質と志を確認できるまでは、師匠はできたとは認めないことがある。下地になる素質が足りない場合は高い技術を伝えたとしても実現することはない。技ができるから認めてしまえば、許可したことが偽りになり、無駄になる。

『花鏡』

117

理想を実現する条件

その人の理想を実現するためには三つの条件がある。
一、自然にできる才能が備わっていること
二、この道が好きで最大限の時間を投入し三昧という境地になること
三、適切な師匠
この三つが揃わない場合、理想の状態をつくるのは難しい。理想の状態とは、うまくなって人に伝えられるレベル（師匠）になることである。

『花鏡』

118

心が演じる偶発的な隙をつくる

謡や舞、所作、演技それらはすべて「なす態《わざ》」という能動的な動作である。その動作と動作の隙間を「せぬひま」という。

この「せぬひま」が面白いと言われることがあるが、どうしてかというと、緊張感を保った心の奥を感じられるからだろう。舞の動き終わり。謡の歌い終わり。その他、言葉、物真似、あらゆる始めと終わりの絶妙の間を心の緊張感が外に匂いのように感じられて面白さに変わってゆく。

そう言ってもこれを意識して作ってはいけない。それでは能動的に作った「なすわざ」になるからだ。すると、できあがった間は、同じ間であっても「せぬひま」ではなくなる。

集中力が最高に高まった「無心」の状態で「せぬひま」の前後の動作をつないでいくのである。これこそ、「万能を一心にてつなぐ」心の力である。

『花鏡』

119

体を思い通りに動かす習慣

「生死去来《しょうじこらい》、棚頭傀儡《ほうとうかいらい》、一線断時《いっせんたゆるとき》、落々磊々《らくらくらいらい》」

これは生き死にを輪廻する人の様子を例えた一文だ。棚の上の操り人形にはいろいろな種類がある。そのなかで自分で動くものはない。操る人の糸の作用で動くのだ。この糸が切れたとき、人形は落ち崩れる。

この糸の緊張のような心持ちで身体を動かすのである。人の体は傀儡（人形）と同じ物質なのだ。これを動かすのは心である。この心を人に直接見せるわけではない。もし見えてしまうとすれば傀儡の糸が見えてしまうようなものだ。

よく知ってほしいのは「心を糸にして」人に知らせず万《よろず》の能をつなぐことである。これが能の命になる。

これは聞いただけで即座にできるものではないだろう。いかなるときも忘れず成功のイメージをつくり、この教えの中に生きるのだ。

これは最高の秘伝である。目的に向かうために習慣化すべし。

『花鏡』

120

再現性を超えた最高の芸術

再現性を超えた芸術を「妙」と名付けてみる。妙とは最高の芸術だ。これは形のない姿であり、再現性を超えた無形の成果が妙体となる。

最高の芸術は、あらゆるところに見つけられるものであり、捉えどころのないものだ。意識せず生まれるから妙所であって、少しでも言い表すことができるならば、それは妙所ではないだろう。

『花鏡』

121

言葉にならない境地を認識する

妙所を観察し工夫してみる。表現を極め、高い技術を磨き、最高の表現ができるようにもなり、段取りを確認しながら演技するようなこともなく無心無風の境地に至るような雰囲気が妙所だろうか。または美しさに崇高さが増していくことが妙所に近いようにも見える。よくよく心で感じてみるとよいだろう。

『花鏡』

122

上達は自分を知ることから始まる

めでたさはどんな調子や声で表現するのか、悲しみはどんな声で表現するのかなど、基礎的な表現の法則を知らなければ、工夫をすることはできない。習得の順番は、まず自分の声の性質をよく知ること。それを踏まえた上で技術を学んでいくのがよい。

『申楽談儀』

123

場違いな笑いを取ろうとしない

最近、神聖な神事の場でも場違いな笑いを取ろうとする役者がいる。これはあり得ないことである。

『申楽談儀』

124

強弱のギャップで表現する

体と足の力の入れ具合を同じにすると動作が荒く見える。体を強い表現で動かすとき、あえて足拍子は軽く踏むと乱暴な荒さにはならない。足を強く鳴らすように踏むときは、体は静かに動かす。これも体は静かなので荒くは見えない。

見るところ、聞こえる音にギャップを持たせて調和をとれば趣のある表現となる。足を鳴らすことの習得は、舞で稽古するのではなく、その他の演技の一部として感覚を磨いてゆくのがよいだろう。

『花鏡』

125

世界観に酔うのは観客の特権

さまざまな表現において幽玄という美しさは理想の世界観である。特に能楽では幽玄の姿を第一の重要事項としている。目の前に現れる幽玄の姿を見て観客は幽玄の世界に入る。これは観客だけの特権である。幽玄な演者がいるのではない。演者が幽玄の世界に入ることはないのである。

『花鏡』

美しさは身体でつくられる

世間の人々を見てみると貴族の佇まいは幽玄と言えるだろう。ただ美しく柔らかい雰囲気も幽玄と言えるだろう。体をのびのびと動かしているのは体の幽玄である。

優しい言葉、高貴で丁寧な言葉遣いをよくよく体感し、一時的にでも口にした言葉が美しければ、これは言葉の幽玄である。また謡の旋律が美しくのびのびと歌っているのは音曲の幽玄といえる。舞はよく習得して体の使い方が美しく静けさがあり見ている人が面白いと感じれば、これは舞の幽玄である。役柄の表現では、基礎の三体の姿がそれぞれ美しく表現されれば、これが幽玄だ。

この幽玄を心におき、それをよく体に染み込ませて、どんな曲目に関わっても幽玄から離れてはならない。例えば貴族の女性、下働きの女性、男、女、世俗の人、農夫、乞食、非人に至るまで、花の枝を一つ持たせるなどすべてに美しさの要素を組み込むのだ。それぞれの役柄が違ってもすべて美しい花と見ることができる。この美しさは身体でつくられると言えるだろう。

『花鏡』

127

内面の美しさの育て方

姿をよく見せるのはその人の心である。心を幽玄の法則で分解する。言葉を幽玄にするために歌道を習い、姿を幽玄にするためには服飾を研究し、すべての事柄にわたって表現は変わっても美しく見える手がかりを持つことが「幽玄の種」となることを知っておくのだ。

最上級の成果とは見た目の姿が美しいことだ。これは身体を通して表現されるものである。基礎的な表現でも姿が美しければどれも最上級の成果といえる。姿が悪ければどれも俗な表現になる。見た目の姿、聞く言葉、どれもが美しいことが幽玄なのだ。この法則を工夫して自分のものにしていることを「幽玄の境」に入るという。これらのことを研究もせず個別のことも習得しないままただ幽玄になろうとばかり思い、プロセスのない成果だけ求めても生涯、幽玄の世界を表現できるようになることはないのだ。

『花鏡』

VI
品格

128

言葉と動きの統一感

問、言葉に動きを当てていくとはどんなことでしょうか。

答、細かく習慣化するということだ。何かを伝える際に気を使うところである。体の使い方、所作もこのことを指す。言動が一致するように気を配ろう。例えば「見る」という言葉なら物を見る。「指す」「引く」などは手を指し引き、「聞く」「音がする」というときは耳を向ける。あらゆる言葉に対応する動作をしていけば、伝わりやすい効果的な動きになる。優先順位は、第一に「体を使うこと」、第二に「手を使うこと」、第三に「足を使うこと」。言葉の節や雰囲気によって振る舞いという体の動きを決めていくことは言葉では伝えにくい部分が多い。チャンスがあれば理想の人を見て観察し学ぶのがいい。

言葉と所作が一致している表現は伝わりやすく強いメッセージになる。

『風姿花伝』

129

言動一致の世界観をつくる

「なびく」「臥す」「帰る」「寄る」という言葉は柔らかい響きなので自然に動きも柔らかくなる。「落つる」「崩るる」「破るる」「転ぶ」という言葉は強い響きなので自然に動きも強くなる。強い、幽玄は別々に存在するのではない。登場人物の発する言葉に動きがついた素直な統一感のあるものなのだ。統一感のない弱い、荒いは表現の素直さからは外れて、伝わりにくいものである。

『風姿花伝』

130

無文に品あり

旋律が特徴的で意味のある言葉があり聞きどころの多い「有文音感」を好む人がいる。また、「声聞無文《せいもんむもん》」という、淡々とした曲調で耳を引くようなアクセントはなく、ただ美しくゆったりとした雰囲気を好む人もいる。これはどちらが良い悪いというものではない。とはいえ、やはり無文に品格があるように思える。一見、山場のない淡々とした無曲、無文の中に面白さを感じられるものは相当に練り上げられた余裕のある表現と言えるだろう。

無文でいて面白いというのは上位の表現と言える。声を出すだけで感動が生まれるのは無曲音感が作り出す極地なのだ。有文、無文はどちらも自由に行き来できるのがよい。

『風曲集』

131

最高の境地　風《ふう》曲《きょく》

妙花風はこのことである。風というのは目には見えない物体を通して認識できる存在である。妙というのも「言語道断、不思議、言い表せない」それゆえに体を持っていない。曲の雰囲気に備わって存在が認識できる種類の境地なのだ。

『六義』

132

言葉で認識できる境地　賦《ふ》曲《きょく》

寵深花風がこれである。一首に多くの意味が含まれている和歌のようなものだ。寵深花風の「深」は離見の見、意図を超越した境地、「花」は目で見て認識できるもの、このように多くの心象風景が含まれている表現のことをいう。この寵深花風を賦曲として定義する。

『六義』

133

並べて理解する境地　比曲《ひきょく》

これは閑花風である。ものを二つ並べて全く同じに見えるものに例えられる。閑は和らいだ雰囲気の目に見えない感動、花は目で見て認識できる感動なのだ。「閑」「花」この二つ最高の芸術として甲乙はつけられないものである。

『六義』

134

反対のものを比較して理解する　興曲《こうきょく》

正花風《しょうかふう》がこれだ。興とは故事によれば「物を二つ置いて勝負をさせる」こと。花を視覚的に認識できることは、この道においては花を確実に体得した境地なのだ。これは言い換えると得意なことが認められたとも言える。得意なことがあれば、不得意なこともある。そのために勝劣が見えてしまう。このように得意不得意が見える状態を正花風、そして興風と例えるのである。

『六義』

135

正しく整った表現は平和の姿　雅曲《がきょく》

これは広精風《こうせいふう》である。雅というのは「事が整い、正しく整った状態」と言える。広精とは広く精やかにすること。事を整え正しい状態にすること。これが安全と平和の姿なのだ。それなので広精風を雅曲ということができる。

『六義』

136

和らかさが強さになる　頌曲《しょうきょく》

強細風《ごうさいふう》がこれである。頌というのは祝う心。強細の「強い」は負けない心、「細い」は調和する心。強くて和らかいことは心のままになっていることを表しているのだ。これは如意曲《にょいきょく》とも言える。心のままになるのであれば「めでたさ」につながるのだ。

ただし、この強さには注意点がある。義は強い心を表しているのに「和」と定義される。つまり「和らいで」負けないことを強いというのだ。

「治《おさま》れる代《よ》の声は安くしてもって楽しむ」と言う。治るはより強い義である。繰り返すが和らかいことが強さなのだ。

『六義』

137

すべての根源を知る

すべての動きというものは、その動きをしているキャラクターを表す「体」によって表現される。能楽の場合、表現の根本は何だろうか。「翁」の舞、これが能楽の舞の本だろう。

『却来花』

VII

面白さ

138

花とはなにか

よい・悪いの違いは何かを考えてみると、見る人にとって珍しいか、珍しくないかの違いだと考えられる。同じ演者の同じ演目を、昨日、今日と続けて見た場合、昨日は面白かったのに、今日はそれほどでもないと感じることがある。この今日はそれほど面白くないという感覚を、悪い評価という。後日、同じ演目があれば、それほどでもなかったときの記憶と比較してまた珍しさが戻ってくる。

この道を長年歩んできて感じるのは「花」という存在はないということだ。とは言っても高い技術を習得してすべてにわたって珍しさを追究した先にしか「花」はないのである。

『風姿花伝』

よい・悪いが決まる要因

本質的にある「よい」「悪い」とはどんな基準で決まるのだろうか。「善悪不二」「邪正一如」という言葉がある。タイミングによって用事が足りるものを「善」と言い、用事の足りないものを「悪」とする。受け取り手が何かを欲しがる状況はさまざまだ。そして、欲するものが手に入ったもののそれに満足してしまえば、また他のものが欲しくなる。これは人々の中に咲く花である。何をもって真の花と言えるのかといえば、タイミングよく欲しいと思う、そのときこそが花なのだ。

『風姿花伝』

140

純度100%の感動

面白いという感情を通り越した感覚がある。無意識に「あっ」と言ってしまうような感覚。これは純度100%の感動と言える。

『花鏡』

141

評価される段階

長い間、地道に実績を重ねていけば、いつの日かよい演者と言われるようになるだろう。腕を磨くために努力を続け、その上に面白いと感じる要素も加われば、名人の域に達するだろう。さらにそれを自然体でできるほどにまでなれば世間に名を知られるほどの人物になっているだろう。

名人となるまでのこのステップをよく試行錯誤して本気になって理想の境地に向かう習慣をつくることだ。

『花鏡』

142

しおれたる風情

問、「しおれたる」というのはどんな風情を言うのでしょうか。

答、言語化しにくい雰囲気ではあるが、確実に「しおれたる」風情は存在する。すべてを極めたとは言えなくても、何か一つでも極めたものがあれば「しおれたる」部分を体得している。この「しおれたる」とは花よりも上位にある表現と言えよう。花がなければ「しおれたる」は無意味なのだ。花の咲く前に草木が萎《しお》れるようでは面白さはない。花を極めるということは全人生をかけるものだ。それより上位の表現「しおれたる風情」は壮大な取り組みであり。言葉では表現しにくい感覚なのだ。

『風姿花伝』

143 花を身につける方法とは

花を身につけたかったらこの道を最後まで突き詰めてみることだ。これこそが花を知るという一点に向かう道なのだ。

時分の花、声の花、幽玄の花、これらは人が受け取りやすいものである。そして、そのときの身体能力によってつくられる花なのだ。実際に咲いている花と同じように咲けば散るときが来る。短期間、世間に認められるが記憶には残らない。

しかし「まことの花」は咲くことも散ることも思い通りにできる。そのため長期間花を咲かせることが可能だ。この「まことの花」の法則を知るためにはどうすればよいのか。

これは無闇に理屈っぽく哲学的に追求するものではない。幼い頃から稽古をして表現を覚え、経験を積み、試行錯誤して失せることのない「まことの花」を体得するのだ。

『風姿花伝』

144

まことの花の正体

さまざまな経験を積み表現を極めるほどに、伝わる表現に好奇心を持ち、最後までやり尽くす情熱こそが、実は「花の種」である。「花」を知ろうと思ったらまず「種」を知る必要がある。花は心（イメージを実現しようとする情熱）、種は態（目的に向かう習慣から生まれる疑問）なのだ。

『風姿花伝』

145 本気でなければ評価は得られない

謡、舞、所作、基礎的なことがしっかりできれば「上手な人」と言われるだろう。ただ、いかに達人であっても十分ではないことがある。世間で認められるには、優れた技術とは別の要素があるのだ。

十分な実力があるにもかかわらず評価されない者がいる。一方で、それほど実力があるわけではないのに、世間では高い評価を受け、人気のある者もいる。

なぜかといえば謡、舞、所作は手段だからなのだ。手段よりも大事なのはエネルギーである。心技の一致した強さが感動を生む。だからこそ、面白さのエネルギーを伝えようとしている演者はうまいと言われるのだ。

初心者でも面白さを持つ者はいる。誰でも十分に稽古を重ねていけば次第に技術は上達していく。しかし本気度は別にあるものなのだ。

『花鏡』

146

価値はタイミングで変わる

価値はタイミングでできる。声ひとつでも、音程を決めタイミングをはかり、目をふさぎ息を吸い声を出す。すると全体の調和の中に声が出る。音程だけを気にして、曲のタイミングを無視して声を出せば、声が調和することはない。調子はタイミングの中にある。それを一調二機三声と言うのである。

『花鏡』

147

言葉にできない気持ちの表し方

文字で言い表せないような心情は面の扱いや動きで表現する。よくイメージしてシミュレーションしておくこと。

『花鏡』

148

先に聞かせ後に見せる

何かを伝えたい場合、私たちは、「見せて」、「聞かせる」。言葉と動きが同時のこともあれば、言葉より先に動いていることもある。言葉が届くことと、動きを認識することは、前後するものなのだ。

だからこそ、耳に聞こえる言葉を先に届けて、動きは後から目に入るようにするのがいい。そうすれば言葉を受け取り、動きも受けとれるようになる。それが見聞成就、伝わるということだ。

『花鏡』

149

なりたい姿で立つ

「そのものになりきる」舞台表現にもいろいろな役柄がある。

老人になるときは老人らしい立ち姿になり手足を老人に見えるように動かし、舞台上の所作や舞などもその動きから生み出される。

女性になる場合も同様で、女性に見えるような立ち姿があり、女性に見える動きがあり、舞、謡もそれに似合うものになる。力強い役柄についても同じだ。模倣したいものについてよく学ぶことで、そのものの動きができるようになる。

『風姿花伝』

150

繊細さと大胆さのバランス

仕事において常に気をつけることがある。それは繊細でないと面白くないが、細か過ぎると小さくまとまってしまうということだ。また大胆にしようとすると見どころが少なく、重苦しくなる。この境界はとても大事である。

細かくするところはより繊細につくり込み、大胆にするところはダイナミックに表現していく。この区別はしっかりと全体を見てよく研究しなければならない。疑問がなくなるまで考え抜く事柄だ。

『花鏡』

151

大胆さの中に繊細さを持つ

大胆さと繊細さをつくる順序は心得ておくとよい。声と舞の動き、振り付け、雰囲気、すべてにおいて、心は繊細に体は大胆に動かすこと。これを心に留めて普段から気をつけてほしい。

全体的に舞台表現は大きなところから入れば細かくつくり込むこともできるようになる。しかし、小さいところから入り膨らませていくと思い通りになることはない。

「大のうちに小はあり、小のうちに大はなし」

大胆さと繊細さを備えた表現は幅の広いものになる。

『花鏡』

152

目先の技より基礎を大切にする

基礎よりも多様な表現を表面だけ真似して、それらしく見せているものが多い。しかし、完全に自分のものにするまで基礎を極めていないため、表現が弱く見劣りする。基礎をおろそかにし表面だけ繕うことは「本体のない枝葉の習慣」と言えるだろう。

『至花道』

153

極めると簡単にやっているように見える

言葉のアクセントに似合わない節付けにはよく注意すること。

文字のアクセントを活かす節付けをするには、よくよく音曲を極めた人に相談することが大切。そして何度も確認して節付けを決めていく。

「至て深きは浅きに近し」本当に深く習得していると簡単にしているように見えるという。注意を行き届かせることで、簡単に物事ができるようになるのだ。

『曲付次第』

154

呼吸のコントロールが理想の声を作る

言葉によって息遣いは変わる。入る息、出る息、呼吸をコントロールすることは声の命である。声を道とするならば息は地面に例えることができる。

『風曲集』

155

生まれつきの特性を活かす

人は生まれつき明るい声の人もいれば、暗い声の人もいる。明るさも暗さも持ち合わせたバランスの取れた声は「相音《そうおん》」という。

声や息遣いを文章に合わせて変えることが大切だ。生まれつき暗めの声であれば少し明るめに息を詰めて声を出すようにする。それがバランスのよい声を作ることになる。少し明るい声であれば抑えめにゆったり伸びやかにするのがよい。

生まれつきの特性を受け入れず、声の出し方だけを工夫しようとするのは真っ当なやり方ではない。

『風曲集』

156
面白さはどこから生まれるのか

問、演者からは同じように見えても客席からの評価はよいときもあれば悪いときもある。長年稽古してある程度の名声も得た演者がつくりあげる感動はさすがであるし、納得するものだ。ところが基礎もおぼつかない年端もいかない演者が感動をつくることがある。なぜこのようなことが起きるのだろうか。

答、面白いと思う感動は、珍しさを指す。この目新しさの法則を極めようとすることが「花を知る」ことである。花とは「咲くによりて面白く散るによりて珍しき」咲くことによって見てもらえる。限定された短い時間で散るからこそ魅力があるものだ。

ある人は面白さをこう喩えている。「いかならん常住《じょうじゅう》不《ふ》滅《めつ》」。永遠に変わらないとは「飛《ひ》花落葉《からくよう》」。飛び散る花や落ち葉を永遠と感じる感覚がある。面白いと思う心に決まったことはない。そう言いながらも感動をつくり続けられる達人がいる。面白さを積み重ねた成功者は、飛花落葉という常に揺らいでいるものをはっきりとらえているのだ。『拾玉得花』

157

評価ができる要因

一時的な花や、そこそこの「面白さ」を作り出せる人は多い。これを上中下に分けてみる。上は言うに及ばず面白く、中、下にも、それぞれに面白さはあるものだ。表現者と見る人のレベルも相互に絡み合い評価はできるのである。

『拾玉得花』

158

イメージを見えるものに例える

文字では伝えにくいイメージを木に例え、和歌にしてイメージを明確にするのだ。

『五音曲条々』

VIII 成功

159

やめればそこで終わり

声変わりのように、今まで評価されていたことが通用しなくなる時期がある。この頃の上達の方法とは、指をさされて笑われても一生この道を進むと決めること以外にない。やめてしまえばそこで終わりなのだ。

『風姿花伝』

160
成長する人の学び方　1

誰にでも、なぜかできてしまう得意なことがある。どんなに努力家の実力者でも、生まれ持った天才を超えることは至難の業だとふつうは考える。

しかし、実際は、才能と努力が合致し、成果を出している人間は万人に一人もいないほど稀だ。なぜなら、多くの才能の持ち主は慢心しているからだ。

そもそも上手な人にも悪いところがあり、下手な人にも良いところが必ずある。ここに注目する人はあまりいないし、本人も気づいていない。

上手な人はうまいと褒められるために、悪いところに意識を向けない。下手な人ははなから努力をしないため、自分の悪いところに気づかないばかりか、良いところも自覚できない。

だからこそ、誰であれ人に尋ねることが大切だ。才能と努力が成果につながっている成功者は人に聞くことの大切さを知っている。

『風姿花伝』

161

成長する人の学び方 2

うまい人というのは、どんなに見劣りする人からでも良いところを見つければそれを学ぶ。これが上達の方法である。もし未熟な人の中に良いところを見つけても、下手な人のしていることは取り入れないというプライドがあると、自分の改善点を見つける気持ちにはならないだろう。これでは成長はストップしてしまう。

未熟な人も、上手な人の悪いところを目にしたら「上手な人にも改善点があるならば、自分にはもっと改善点があるだろう」と危機感を持って工夫してゆけば稽古も効率良く上達も早まるはずだ。それとは逆に「自分だったらあんな悪いことはしないなぁ」と慢心していれば、自分の良いところも使いきれないだろう。

良いところを把握していなければ、悪い癖を良いところだと勘違いしてしまうこともある。「上手は下手の手本、下手は上手の手本」というのは下手の良いところを取り込んでさらに良くするという意味である。人の悪いところからも学べるのであれば、良いところを学ぶのはさらによい。これ以上ない学習法だ。

『風姿花伝』

162

初心者への接し方

初めて物事に接する人に、七歳の子どもに教えるように厳しく細かな矯正をすることは良い結果にはつながらない。「良い」「悪い」は細々と教えないほうがよいのだ。自然に真似をしだすような表現にその人本来の良さがある。心のままにやらせてみるのだ。また多少器用で物覚えがよくてもその人のキャラクターに合わないものはさせないほうがよい。生まれつきとも思える自然な表現をさせるのがよいだろう。

『風姿花伝』

163

一時的な成果に溺れない

人前に出始めたばかりのとき、姿も声も良く、可能性を感じ、何も悪いところがないように見えても、それは真の実力とはいえない。このときの評価が一生続くわけではない。だからこそ、いかに高い評価を得ていたとしても、声の出し方、動きなど基礎をしっかり身につけ、何ごとにも丁寧に目的に向かう習慣をつけなければならない。

『風姿花伝』

164

四十歳を過ぎたら取り組むこと

年を重ねると、仕事の仕方が変わる。社会に認められ実績もできたとしても、よいパートナーを持つことが大切だ。体力や健康は次第に衰えて、無理がきかなくなってくる。だからこそ、このころからは自分が前に出るよりもパートナーに花を持たせ、少し余裕を見せるように振る舞うのがよいだろう。たとえパートナーがいなくても激しい動きはしないほうがよいだろう。

このように自分自身を「知る心」が卓越した人の心だといえる。

『風姿花伝』

165

成功の定義

あらゆることに求められる成就とは「成り就く」ことである。これは仕事において面白さを感じる心を指す。この成就もまた「序破急」だと言えるだろう。

どういう意味かといえば「成り就く」は終着点のことだ。終着点がなければ達成感は感じないだろう。思い通りの表現によって面白さがつくられるならば、それは序破急の成就と言える。

面白いと感じるものと哀愁を感じさせるものの区切りがなければ、面白いとも悲しげとも思わないのである。

『拾玉得花』

166
成長のターニングポイント

人生の全盛期といえる時期に、これまでの成長段階を習得して成長していれば社会的にも認められ人気も得られていることだろう。もしこの時期に知名度が思ったほどでもないのであれば、どんなに技術を身につけていても思ったような成長をしているとはいえない。

上昇は三十代半ばまで、四十過ぎてからは下り坂。だから三十代に望むような知名度、人気がなければここまで順当に来たとは思わないことだ。さらに理想を明確にし、これまでの振り返りをし、これからの人生のイメージもしっかり持たなければならない。この時期に世間の認知を得られていなければ、この後、盛り返すのは非常に困難である。

『風姿花伝』

167

同じことをしても評価はその時々で変わる

高貴な場所、広い場所、少人数の会場、野外、屋内、臨時に頼まれた場合など会場は違っても、やること自体は変わらない。

大きな会場では天地人の気が関わり、敷地内でするようなものは人の気が空気をつくり、天気に影響されることは少ない。その場その場での環境の変化により、出来、不出来の評価は変わってくる。

『拾玉得花』

168

万とは一つの力

「万」の字は「一」「力」でできている。めでたさ、恋ごころ、美しさ、悲しさもすべて「めでたさ」を表現する基礎の力から生み出される。どの表現も習得してしまえば全部が基礎の範囲ということになる。この安定的な表現は最高の作品を生む。そして始めの基礎の感覚に戻るので一の力と言えるのだ。これは技術を身につける第一の目標である。目的に向かう習慣の段階を守っていくことが大切なのだ。

『五音曲条々』

169

チームメンバーの心得

チームの一員になったらそれぞれの習得した技術はもちろん、心に思いとどめておく心得がある。チームの成功は各々が協力し力を合わせなければ思い通りにはならないということだ。

メンバー全員の思いとプレーが揃わなくては、いかに各々の個人技が素晴らしかったとしてもバランスの取れたものにはならない。互いを生かす相乗効果を生む心得を持とう。自分一人で何かしようとは思わないこと。チームリーダーの示した方向性に沿って自分の力を発揮していくのだ。

『習道書』

170

リーダーの心得

舞台というチームを牽引するリーダーの役割は、登場から橋掛、舞台に入り役の謡を歌い終わるまでである。もし声の不調などでここを務めることに支障があればリーダーの役割はできない。

自信がないからといってサポーターをつけることや地謡に謡を任せるなどということは、リーダーとしてやってはならないことだ。役割をまっとうすることができて初めて、一人前のリーダーと言えるのだ。

そして自身の出番がなくても、全体のバランスを考慮しつつ目で見る姿や所作、耳で聞く言葉や音楽の調和をさせ、全体をまとめていくこともまたリーダーの役割である。

『習道書』

171

サブリーダーの心得

サブリーダーの大事な仕事が、最初に登場しそのときのテーマを明確に伝え、場の空気を作り上げることだ。本番の始まりに際して全員の注目を集め舞台の成功の鍵を握るため十分に役割を心得ておくことが必要である。

冒頭の自分の役割を終えた後は、出演者全員が引き立て合えるようにリーダーのつくりたい世界観に沿ってバランスの取れた雰囲気を作るようにしよう。

『習道書』

172

リーダーが力不足だった場合

リーダーのつくりたい世界観をサポートするために、サブリーダーは、たとえリーダーが力不足であってもリーダーの世界観に従わなければならない。いかにサブリーダーが実力者であろうと、リーダーを無視して自分で独走するようになれば全体のバランスが崩れてしまう。自分の好みに合うことに従い、好みに合わなくてもリーダーの気持ちに沿うのがサブリーダーの役割なのだ。これがもっとも重要な能力といえる。

『習道書』

173
ムードメーカーの心得

笛の役者は、催しの始めから終わりまでに影響し雰囲気を決める重要な役割である。始まる前には開演開始前の期待感を高め、始まってからは謡、舞の為手の意向を汲み取って全体を彩る。

そもそも笛は音程の出せる道具である。笛の出す調子を基準にすることは言うまでもない。しかし雅楽の笛と能楽の笛は同じではない。能楽の舞台では雰囲気に応じて声のピッチの上下がある。これを自分が思う調子でやり通す頑固さがある場合、演者の出す声と笛の調子が合わず不調和を生み出してしまう。これでは違和感があり興醒めだ。それなので雰囲気を読み取り、ピッチや強さを調整する必要がある。そして全体の調和がつくられる。それが違和感のない感動をつくるのだ。

『習道書』

174
異質なものの調和をとる

申楽は演劇なので役柄の気転によりさまざまに声が変わる。ピッチが上がり下がりするのは演者の力不足ではない。

昔、名生《めいしょう》という笛の名手がいた。佐々木道誉のいうには申楽が長いのは退屈だが、名生が笛を吹くときは時間の経つのも忘れてしまうと語っている。

ある催しで名生は、二人の演者の雰囲気に合うように、調和が取れるように笛を吹きわけた。違和感のない舞台ができ当日の評判もよいものになった。このような吹き方は同業でもする人がいなかった。

現在でも手本と語り継がれているこの名生の仕事は、舞台全体を成功へと導いたのだ。

『習道書』

175

場を和ませる役の心得

狂言の役者は、多くの人を笑わせるのが仕事だ。笑いの中に楽しみがあり、面白く嬉しい雰囲気をつくり出すものである。

愛嬌のある風貌を持っていることは狂言の役者として一種の才能といえる。言葉、表現も高貴な人でも自然に笑える題材にするよう心がけるのだ。念を押すが、笑いを取るために下品な表現に走らないようによくよく注意が必要である。

『習道書』

176
相応

あらゆることはバランスにより思いが遂げられる。よい題材の台本を、よい役者が演じ、そしてベストの状態でできればバランスがよいと言える。それならばよい台本をよい役者が演じれば最高のものができると考えられるが、そうとも言えないのが不思議なところだ。見識がある人はこれを見分けて、面白くないのは演者のせいではないと考えるが、大抵は作品と演者自体が酷評される。よい台本をよい役者が演じてもなぜよくならないときがあるのかを考察してみると、そのときのタイミングなのか、面白さについての研究をしていないのか、どちらなのか疑問は残る。

『風姿花伝』

IX

幸福

177

人の幸せを願う

人々を幸せに導くための道に寿福増長がある。自分の利益を優先した行為が続けば道が廃れる。この道が廃れてしまえば寿福も消え去ってしまう。正直で素直に明るく世間に感動を与える人を目指し精進すること。

『風姿花伝』

178

すべての仕事は社会に幸福をもたらすもの

芸能とは人の心を和らげ身分の上下もなくし寿福増長の基礎になるものである。そして健康と長寿に向かうものでもある。突き詰めればすべての仕事はすべて社会に幸福をもたらすものだ。特にこの道を極め家の繁栄を世間に認められていることは寿福増長の一つの姿といえる。

心に留めておくことがある。高い見識眼のある人々に選ばれた技術、品位の高みを求めている者は分相応の評価と収入を得ることは批判の余地がない。

よい悪いの区別がつかない人々には、高い技術や品位のある仕事は理解がされにくい。見たことがない、またよい悪いの判断基準がない人に受け入れてもらうためにはどうすればよいのだろうか。

『拾玉得花』

179

幸福の達人

この仕事は人々に愛されることが幸福であり、それにより成り立っている。あまりにも理解不能な表現しかできなければ多くの人が時間とお金を使おうとは思わないだろう。時代ごとの興味にも精通している必要がある。すべての人を喜ばせ感動させられる人が幸福な達人と言えるのだ。

どんなにうまくても愛されない者は幸福な演者とは言えない。父観阿弥はどんな山奥の村であっても人々の好みを受け取って土地の風習にも馴染み選曲をしていた。

そんな話を聞いてしまうと経験の浅い人は自信が持てなくなることもあるだろう。しかし、だからこそ、今まで話したことを心に留めて、自分の実力にあった工夫や試行錯誤を繰り返し、得たい成果に向かってほしい。

『風姿花伝』

180

工夫の注意点

人に愛されるための工夫は、どちらかというとキャリアのある人に向けた内容である。たまたまの条件が重なって有名になった人もいるが、名声が先行して名前ほどには実力が伴わない人も多い。現在、成果が出ている場合もさらなる工夫がないと継続は難しいだろう。成果があり、さらに工夫をしているならばさらに成果が出ることだろう。

いったん世間に認められ成果を出した者も、社会情勢の変化でうまくいかないときもある。条件の悪い場所でも収入を得て生き延びていればプッツリと道が途絶えることはない。道がつながっていれば必要とされるタイミングも巡ってくるものなのだ。

『風姿花伝』

181

欲しい結果を決める

原因と結果の関係を知ることは人生の終着点とも言える。すべては因果である。目的に向かう習慣でつくられる原因、社会に認められることは成果なのだ。日常の習慣という原因が明確でなければ、目的である結果に到着することはないだろう。

『風姿花伝』

182

心を十分に動かして身を七分に動かせ

手を動かす、足を動かす。やり方を覚え、その一つひとつを十分に習得した後、目立とうとする気持ちがあれば控えめにしておいたほうが美しく強いメッセージができる。これは舞台の所作に限らず日常の立ち居振る舞いや言動でもコンパクトに伝えることを心がければ所作が器になり、中に入る目的も明確に強いメッセージになる。

『花鏡』

183

タイミングを逃さない

物事には、ちょうどよいタイミングというものがある。早くても、遅くてもよくない。声を出すなら「そろそろ声を出すな」という思いが満ちた瞬間を逃さず声を出す。これが時の節目に当たるということだ。タイミングが少しでも遅れれば期待感も緩んで感動は薄れる。このようなタイミングは見る人の心に関係する。そのため、受け取る側の気持ちを山場に向かって盛り上げていくことも大事なのだ。

『花鏡』

184

継承するために大切なこと

ここに記したことは、この道を進むための我が家にとって大切なことである。一代に一人しか伝えないことを記す。だからこそ、たとえ子がいたとしても実力のないものに伝えてはいけない。

「家、家にあらず。継ぐをもって家とす。人、人にあらず。知るをもって人とす」

これは万事に行き渡る最高の芸術的人生を創る法則だ。

『風姿花伝』

参考文献

『世阿弥　禅竹』日本思想体系24　岩波書店
『世阿弥芸術論集』新潮日本古典集成　新潮社
『風姿花伝』世阿弥著　野上豊一郎　西尾　実校訂　岩波文庫
『申楽談義』表　章校註　岩波文庫
『観阿弥清次　世阿弥元清』野上豊一郎批評集成　書肆心水
『世阿弥』別冊太陽　平凡社
『観世寿夫　世阿弥を読む』観世寿夫著　平凡社
『世阿弥』北川忠彦　土屋恵一郎著　講談社学術文庫
『風姿花伝・花鏡』小西甚一編訳　たちばな出版
『世阿弥』人物叢書　今泉淑夫著　吉川弘文館
『座右の世阿弥　不安の時代を生き切る29の教え』齋藤孝著　光文社新書
『風姿花伝・三道』竹本幹夫訳注　角川ソフィア文庫
『論語』金谷　治訳注　岩波文庫
『易経』高田真治　後藤基巳訳　岩波文庫
『大学・中庸』金谷　治訳注　岩波文庫

購入特典

世阿弥の謡曲の作品から、最も味わうべき一節を抜き出して現代語訳しました。
下の二次元バーコードからダウンロードしてください。

特典ページURL

https://d21.co.jp/special/nougaku/

ログインID

discover3074

ログインパスワード

nougaku

超訳 世阿弥
道を極める
エッセンシャル版

発行日　2024年7月19日　第1刷
発行日　2024年7月29日　第2刷

Author　世阿弥

Translator　森澤勇司

Illustrator　市村讓

Book Designer　LABORATORIES

Publication　株式会社ディスカヴァー・トゥエンティワン
〒102-0093　東京都千代田区平河町2-16-1
平河町森タワー11F
TEL　03-3237-8321（代表）　03-3237-8345（営業）
FAX　03-3237-8323
https://d21.co.jp/

Publisher　谷口奈緒美

Editor　大山聡子　藤田浩芳

Proofreader　文字工房燦光

DTP　株式会社RUHIA

Printing　日経印刷株式会社

ISBN978-4-7993-3074-6
CHOYAKU ZEAMI